Inhaltsverzeichnis

Vorwort	2
Vorbemerkungen	3
Urkunde	8
Arbeitsblätter	9
Arbeitskarten	21
Spielplan	24
Schmuckblatt	46
Lösungen	47

W0409810

Vorwort

Liebe Kolleginnen und Kollegen,
in der heutigen Zeit ist der Fernsehapparat kaum noch wegzudenken und für uns Erwachsene stellen sich bei diesem Medium häufig die Fragen: „Wie lange sollen Kinder fernsehen?“ und „Welche Sendungen sind für Kinder in der Grundschule geeignet?“. Christine Nöstlinger beschreibt in ihrem Buch „Fernsehgeschichten vom Franz“ die Probleme, die ein Kind in der 2. Klasse mit seinen Klassenkameraden bekommen kann, dessen Eltern das Medium Fernseher wie vor dreißig Jahren benutzen. Sie zeigt Alternativen auf um in der Gesellschaft (Klassenverband) anerkannt zu sein, ohne dabei mit den anderen im gleichen Strom zu schwimmen und gleichzeitig dabei auch stolz auf sich selbst zu sein.

Zum Inhalt des Buches:
Eigentlich könnte der Franz froh darüber sein, dass seine Eltern Zeit für ihn übrig haben. Sie spielen mit ihm oder unternehmen andere schöne Dinge zusammen. Wenn da nicht das Problem in der Schule wäre. Denn die Eltern vom Franz sind Fernsehmuffel. Nur drei Programme haben sie zu Hause und diese werden auch nur selten angeschaut. Aber in der Schule reden die Mitschüler vom Franz über Fernsehserien, die der Franz nicht kennt. Er steht dann stumm daneben und wird deshalb von den anderen Baby genannt. Mit einer erfundenen Serie gelingt es dem Franz, dass seine Mitschüler ihm gespannt zuhören. Doch wie löst er nun sein Problem, dass er auch bei den tatsächlichen Fernsehserien mitreden kann? Mit Hilfe der Oma wendet der Franz einen Trick an und erreicht, dass er vor seinen Mitschülern zum Filmexperten wird, ohne dabei bis spät abends fernzusehen.

Das Buch „Fernsehgeschichten vom Franz“ von Christine Nöstlinger ist wegen der großen Schrift für das erste Lesealter gut geeignet. Die 63 Seiten sind in kurze Kapitel unterteilt und mit vielen farbigen Illustrationen versehen, so dass es bereits im zweiten Schulhalbjahr der 2. Klasse erlesen und bearbeitet werden kann. In der 3. Klasse ist die Lesekompetenz der Kinder weiter fortgeschritten, so dass die Arbeitsangebote im vorliegenden Literaturprojekt weitgehend ohne große Erklärungen bearbeitet werden können.

Wenn Sie das Literaturprojekt mit Ihrer Klasse durchgeführt haben, klicken Sie doch mal auf meine Internetseite. Dort würde ich mich über einen Eintrag in das Gästebuch oder über eine E-Mail mit Ihren Erfahrungen zu dem Literaturprojekt „Fernsehgeschichten vom Franz“ freuen.

Ich wünsche Ihnen und Ihrer Klasse viel Freude und eine schöne Unterrichtszeit mit dem Literaturprojekt „Fernsehgeschichten vom Franz“.

Claudia Fischer
www.hoppedick.de

BVK LP 08 • Claudia Fischer: Literaturprojekt „Fernsehgeschichten vom Franz“

Vorbemerkungen

Das Buch zum Buch

Aus den fertigen Arbeitsblättern und erledigten Arbeitskarten, den zusätzlich gemalten Bildern und den geschriebenen Geschichten der Kinder empfiehlt es sich zum Schluss des Literaturprojektes für jedes Kind ein eigenes „Buch vom Franz" herzustellen. Damit die bereits erledigten Blätter der Kinder nicht verloren gehen oder gar im Schulranzen zerknittern, werden alle Blätter in einer Prospekthülle (mit Namen versehen) im Klassenzimmer aufbewahrt. Weisen Sie die Kinder öfters darauf hin, dass sie sehr sorgfältig mit ihren Arbeitsblättern u. Ä. umgehen, weil am Ende daraus ein eigenes Buch hergestellt werden soll. Viele Kinder nehmen diesen Ratschlag dankbar an und gehen sehr sorgsam mit ihren Arbeitsmaterialien um. Als Deckblatt für das eigene Buch kann entweder der Franz gemalt und mit dem Titel „Fernsehgeschichten vom Franz" versehen werden oder die Kinder gestalten ein eigenes individuelles Motiv.

Möglichkeiten der Buchbindung sind: Spiralbindung, Heißklebebindegerät, Sammeln der Arbeitsblätter im Schnellhefter oder Lochen der Blätter und Zusammenbinden mit einem breiten Satinband. Damit das eigene Buch Stabilität bekommt, ist es empfehlenswert, für das Deckblatt und den Buchrücken Fotokarton zu verwenden. Eine abschließende Folie über dem Deckblatt und / oder über dem Buchrücken dient nicht nur als Schutz, sondern wertet das eigene Buch optisch auf.

Beabsichtigen Sie mit den Kindern kein eigenes Buch oder nur mit wenigen Seiten ein Buch herzustellen, empfiehlt es sich die Arbeitsblätter / Arbeitskarten in Form einer Lerntheke o. Ä. anzubieten. Hierbei reicht es aus, wenn Sie die Materialien auf 2 bis 4 Kopien, je nach Klassenstärke und Materialangebot, reduzieren. Diese werden entweder laminiert oder in Klarsichthüllen gesteckt. Beim Bearbeiten schreiben die Kinder mit einem wasserlöslichen Stift auf das Unterrichtsmaterial. Nach der Selbst- bzw. Lehrerkontrolle werden die beschrifteten Klarsichthüllen mit einem feuchten Tuch wieder für das nächste Kind sauber gewischt.

Wie Sie aus Erfahrung wissen, ist das Lern- und Arbeitstempo der Kinder stark differenziert. Folglich werden nicht alle Kinder alle Arbeitsblätter und Arbeitskarten, die Sie für Ihre Klasse auswählen, vollständig bearbeiten. Geben Sie leistungsschwachen bzw. langsam arbeitenden Kindern weniger Material. Bei diesen Kindern ist es wichtig, dass die Motivation „ein Buch bis zum Ende selbst zu lesen" erhalten bleibt.

Beim Bearbeiten bzw. beim Beantworten der Fragen auf den Arbeitsblättern / Arbeitskarten ist es oftmals notwendig die Kinder darauf hinzuweisen, dass sie vollständige Sätze aufschreiben.

Vorbemerkungen

Vorschläge für weitere Aktivitäten

Fernseher basteln

Basteln Sie zu Beginn des Literaturprojektes mit den Kindern einen Klassenfernseher. Hierzu benötigen Sie einen großen Karton, in dessen Boden ein „Bildschirm" geschnitten wird. Während des gesamten Literaturprojektes dient der Fernseher dann als Medium, mit dem die Präsentationen der Kinder wie „Programmansage für meine Wunschsendung", „Fernseh-Werbung", „Wettervorhersage" und „Klassenzimmernachrichten" vorgeführt werden. Des Weiteren können die Arbeitsergebnisse von den Arbeitskarten wie „Minireferate", „Ein Tag ohne Fernseher", „Seriengeschichten", u. v. m. im Fernseher vorgetragen werden. Besonders zurückhaltende Kinder werden dabei motiviert sein ihre Geschichten zu präsentieren.

Fernseh-Programm gestalten

Gestalten Sie gemeinsam mit der Klasse ein Fernseh-Programm. Dabei übernimmt, wenn möglich, jedes Kind eine Rolle zum Vortragen. Das Fernseh-Programm könnte mit Werbung, Kindernachrichten im Klassenzimmer, Wettervorhersage, Programmansage, Vorlesen der Seriengeschichten - evtl. mit Werbeunterbrechung - gefüllt sein. Ein Vorführen vor den anderen Klassen oder den Eltern lässt die Motivation der Kinder steigen. Falls eine Videokamera vorhanden ist, könnte das gesamte Programm aufgezeichnet werden, so dass die Kinder abschließend ihr Programm gemeinsam anschauen können.

Fernsehjagd

Zu Beginn der Schulstunde oder des Unterrichtsvormittags wird ein Wort, das zum Thema Fernsehen oder zu den „Fernsehgeschichten vom Franz" passt, an die Tafel geschrieben. Im Laufe des Unterrichts (Vormittag oder Franz-Stunde) wird das gesuchte Wort unverhofft erwähnt. Das Kind, das am schnellsten „Franz" laut ruft oder ein anderes verabredetes Zeichen / Wort, erhält eine kleine Belohnung wie z. B. Gummibärchen, Aufkleber ... Selbstverständlich wird das gesuchte Wort öfter im Unterricht eingebaut, so dass mehrere Kinder eine Belohnung für ihre Aufmerksamkeit erhalten.

Pappfigur vom Franz

Im Kinderbuch auf der Seite 5 wird das Aussehen vom Franz beschrieben. Siehe dazu Arbeitsblatt 1. Aus großen Pappkartons, Bierdeckeln mit einer Heißklebepistole zusammengeklebt o. Ä. kann der Franz in Gruppenarbeit oder bei motivierten Kindern als freiwillige Aufgabe zu Hause als große Pappfigur hergestellt werden. Beim Herstellen der Pappfigur sollten die Kinder ihre eigene Kreativität entfalten. Die fertigen Pappfiguren werden im Klassenzimmer aufgestellt.

Vorbemerkungen

Spiel: Werbung-Raten
Ein Kind (oder vielleicht auch Sie selbst) spielt eine Funk- oder TV-Werbung, ohne dabei den Namen des gesuchten Produktes zu nennen, vor. Das Kind, das die Werbung errät, darf als nächstes eine neue Werbung vorspielen.

Büchertisch
Christine Nöstlinger hat noch weitere Geschichten vom Franz geschrieben. Ein im Klassenzimmer oder der Umgebung aufgestellter Büchertisch mit den Geschichten vom Franz oder anderen Büchern von Christine Nöstlinger regt die Kinder zum weiteren Lesen nach dem Literaturprojekt an.
Hier können Sie sicherlich Ihre örtliche Bücherei bitten, Ihnen eine entsprechende Bücherkiste zur Verfügung zu stellen.

Spieltisch
Ein Spieltisch mit Kinderspielen von früher sieht nicht nur hübsch im Klassenzimmer aus, sondern lädt alle (auch Besucher) während des Literaturprojektes zum Verweilen und zum Spielen ein (s. hierzu auch Arbeitskarte S. 30).

Programmzeitschrift herstellen
Jedes Kind gestaltet für einen bestimmten Tag in DIN A4-Format eine Fernsehprogrammseite mit verschiedenen TV-Sendern. Zum Schluss werden alle Programmseiten zu einer gemeinsamen Programmzeitschrift zusammengeheftet. Zum Gestalten der Programmseite liegen gebrauchte Programmzeitschriften bereit.

Links

- **www.tivi.zdf.de**
  Auf diesen Internetseiten präsentiert das ZDF online seine Kindersendungen wie „1, 2 oder 3", „Löwenzahn", „logo" u. Ä. Hier können die Kinder die TV-Sendungen online erfahren. So können sie z. B. spielen, raten, sie erfahren Wissenswertes aus den Kindernachrichten von „logo" und von den Moderatoren. Bei „1, 2 oder 3" sind die Kinder selbst Ratekind und können sich bei Interesse für die Sendung als Ratekind oder als Kamerakind bewerben.
- **www.sendung-mit-der-maus.de**
  Rund um die Maus erfahren die Kinder online die Maus-Sendung, mit aktuellen Themen, Programmänderungen u. Ä.

Arbeitsblätter / Arbeitskarten
Die Arbeitsblätter des Literaturprojektes „Fernsehgeschichten vom Franz" beziehen sich chronologisch auf die Seitenzahl des Kinderbuches. Zum Bearbeiten dieser Arbeitsaufträge benötigen die Kinder ihr Buch als Hilfe.
Die Arbeitskarten beziehen sich inhaltlich auf die einzelnen Kapitel des Buches und können fächerübergreifend während des Lesens und Bearbeitens der Arbeitsblätter eingesetzt werden. Diese können entweder in Form einer Lerntheke oder einer ande-

Vorbemerkungen

ren offenen Unterrichtsform den Kindern angeboten oder als ergänzendes Material zusätzlich zu den Arbeitsblättern gereicht werden.

Arbeitsblatt 1: Kennst du den Franz?
Als Ergänzung zum Arbeitsblatt 1 sollen die Kinder sich selbst beschreiben. Schwache Kinder oder Zweitklässler wissen oftmals nicht, was sie schreiben sollen. Daher bieten wir einen vorbereiteten Steckbrief an.
Drittklässler können auch ohne vorgegebenen Steckbrief über sich schreiben.

Arbeitsblatt 2: Fernsehprogramme
Zum Bearbeiten dieses Arbeitsblattes benötigen die Kinder gebrauchte Programmzeitschriften. Diese können von den Kindern mit in die Schule gebracht werden.

Arbeitsblatt 9: Wörtliche Rede
Sollte für die Kinder die Wörtliche Rede noch unbekannt sein, empfiehlt sich eine gemeinsame Erarbeitung. Hierzu kann das Arbeitsblatt auf eine Folie kopiert werden oder einige Sätze vom Franz und der Gabi werden an die Tafel geschrieben. Die wörtliche Rede und der Begleitsatz werden zuerst gemeinsam farblich unterstrichen. Anschließend bearbeiten die Kinder ihr Arbeitsblatt alleine. Sie benötigen hierfür ihr Schreibheft.

Arbeitskarte: Lesepuzzle
Die Abbildung im Buch S. 49 können Sie als Lösung für die Aufgabe der Seiten 28/29 verwenden.

Arbeitskarte: Fernseh-Sender erfinden
Plakat (35 cm x 50 cm) mit der Aufschrift: „Fernsehprogramme" im Klassenzimmer aufhängen. Kleine Kärtchen oder Zettel, gerne auch farbig, bereitlegen.

Arbeitskarte: Programmansage für meine Wunschsendung
Beim Vortragen der Programmansagen können die kleinen Ansager und Ansagerinnen auch mit einer Videokamera gefilmt werden.

Arbeitskarte: Minireferat
Die Begriffe werden kopiert, auseinandergeschnitten, zusammengefaltet und in einen Behälter gegeben. Zu Beginn oder am Ende der Franz-Stunde darf ein Kind, das ein Minireferat halten möchte, einen Zettel ziehen. Der „Referent" liest den Begriff laut vor und fängt an alles zu erzählen, was er zu diesem Wort weiß.
Fällt einem Referenten überhaupt nichts zu diesem Begriff ein, darf er einen neuen Zettel ziehen. Ist auch das Ersatzwort zu schwer, stehen ihm seine Mitschüler hilfreich zur Seite. Der „Referent" entscheidet hierbei, wer den Begriff erklärt. Er wird somit zum „Gesprächsleiter".

Vorbemerkungen

Bei dem Minireferat steht nicht das eigentliche Referieren des Begriffes im Vordergrund, sondern den Kindern soll auf spielerischer Weise die Angst genommen werden vor der Klasse zu stehen und zu sprechen.

Arbeitskarte: Werbeplakat für meine Wunschsender
Hier sollten alte Programmzeitschriften von den Kindern mitgebracht werden. Außerdem benötigen Sie DIN A3-Papier oder farbigen Tonkarton.

Arbeitskarte: Rechenpuzzle
Hierzu können Sie die Abbildung auf Seite 41 des Buches als Lösung für die Aufgabe der Seiten 34/35 verwenden.

Arbeitskarte: Vorschläge zum fernsehfreien Tag
Hierfür sollten Sie den Kindern ein großes Plakat zur Verfügung stellen, auf das sie ihre Kästchen kleben können.

Arbeitskarte: Wochenplan über meine Fernsehzeit
Damit die Kinder ausreichend Platz zum Schreiben haben, empfiehlt es sich den Wochenplan auf DIN A3-Größe zu kopieren.

Arbeitskarte: Wettervorhersage
Einige Wetterkarten aus Tageszeitungen bereitlegen, die verschiedene Wetterprognosen darstellen.

Spielplan
Den Spielplan von Seite 24/25 können Sie auch auf DIN A2 kopieren und evtl. laminieren. Vielleicht macht es den Kindern Spaß, ihn vorher farbig auszumalen.

Diese

Urkunde

erhält

....

für gewissenhaftes Lesen des Buches

„Fernsehgeschichten vom Franz"

von Christine Nöstlinger

und das Bestehen aller Franz-Fragen

Arbeitsblatt 1

Kennst du den Franz? (Seite 5 - 7)

Weißt du, wie er aussieht und wie er so ist?

1. Lies diese Seiten im Buch und schreibe auf, wie der Franz aussieht und wie er so ist.

   In welche Klasse geht der Franz? ______________________

   Schreibe auf, wie der Franz aussieht. ______________________

____

____

   Wie heißt der Bruder vom Franz? ______________________

   Wo wohnt der Franz? ______________________

   Wie heißt die beste Freundin vom Franz? ______________________

   Wie heißt der beste Freund vom Franz? ______________________

2. Male den Franz in den Kasten.

Arbeitskarte

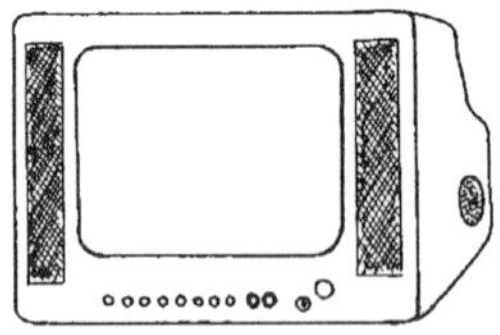

Steckbrief von

____

Straße: ______________________________

PLZ: __________ Ort: ______________________________

Schule: ______________________________ Klasse: _____

Alter: _____ Jahre Geburtstag: ______________________________

Meine Geschwister heißen: ______________________________

____

So sehe ich aus:

Haarfarbe: ______________________________ Augenfarbe: ______________________________

Größe: ______________________________ Gewicht: ______________________________

Das mag ich gerne:

Lieblingsessen: ______________________________

Lieblingsspielzeug: ______________________________

Meine beste Freundin heißt: ______________________________

Mein bester Freund heißt: ______________________________

Meine Hobbys: ______________________________

____

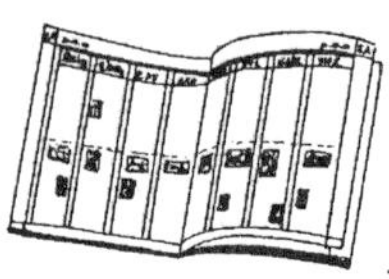

BVK LP 08 • Claudia Fischer: Literaturprojekt „Fernsehgeschichten vom Franz“

Arbeitsblatt 2

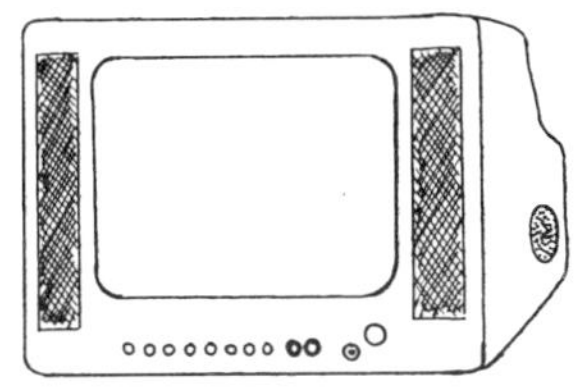

Fernsehprogramme (Seite 8 - 9)

Die Mama und der Papa vom Franz sind Fernseh-Muffel. Sie haben kein Kabel-Fernsehen und auch keine Satelliten-Schüssel. Darüber ärgert sich der Franz.

1. Weißt du, was Kabel-Fernsehen oder was eine Satelliten-Schüssel ist? Sprecht in eurer Klasse darüber und erklärt die beiden Begriffe.

2. Wie viele Programme kann der Franz nur sehen?

3. Wie viele Programme können die Kinder in der Klasse vom Franz sehen?

4. Wie viele Programme kannst du zu Hause sehen?

Du brauchst:
- eine Programmzeitschrift

5. Wie viele Programme findest du in deiner Programmzeitschrift?

6. Wie heißen die Programme? Schreibe die Programme auf, die du öfter anschaust.

7. Der Franz schaut nur wenige TV-Programme. Was glaubst du, welche Sender das sind? Warum?

BVK LP 08 • Claudia Fischer: Literaturprojekt „Fernsehgeschichten vom Franz"

Arbeitsblatt 3

Der Gomel-Mann (Seite 11 - 18)

In der Schule erzählte der Franz täglich eine neue Folge von einem Astronauten vom Planeten Gomel.

Wenn du etwas über den Gomel-Astronauten erfahren willst, dann lies diese Seiten im Buch und fülle die Lücken aus.

(Seite 11): Ein ________________ von einem anderen Planeten landete bei uns. Bei der Landung ging sein ________________________ kaputt.

(Seite 14 - 15): Zuerst baute sich der Astronaut im Wald ein ________________. Es war __________ und der Astronaut fror. Trotzdem freute er sich über den Schnee. Auf dem Planet Gomel gab es keinen ____________. Nur Regen. Der Regen dort war ______________ und ______________.

(Seite 15): Zwei ________________ fanden den Astronauten.
Sie konnten aber seine ______________ nicht verstehen. So holte der Astronaut aus seinem Raumschiff den „_________________________".

(Seite 16): Die beiden Buben wollten dem Gomel-Mann helfen.
Sie brachten ihm zu essen. Doch von dem Essen kriegte der Gomel-Mann ______________________. Nur von ________________ bekam er keinen Durchfall. So stibitzte einer der beiden Buben zu Hause alle __________________ und brachte sie dem Astronauten.
Weil alle Zimtsterne verschwanden, glaubte die Mama, dass nachts ____________________________________ kamen und alarmierte die ______________________.

Arbeitsblatt 4

Unsinntext (Seite 19)

1. Lies zuerst die Seite 19 im Buch.
2. Schließe dein Buch.
3. Lies den Unsinntext vom Bücherwurm.
   Er hat darin 15 Unsinnwörter versteckt.
   Findest du sie alle?
4. Streiche die Unsinnwörter durch.

Der Gomel-Mann wird ein Dinosaurier

Eine Woche nachdem der Franz in der Papiertüte die erste Gomel-Dinosaurier-Folge erzählt hatte, saß er daheim und putzte seine Zähne. Die Zahnpasta und der Zahnbecher vom Franz waren noch bei der Arbeit. Der Dinosaurier war im Schwimmbad. Nur die Essiggurke war da. Die kommt zweimal in der Woche zum Spielen. Der Franz ist nicht sehr gern mit der Essiggurke allein. Weil die nämlich die ganze Zeitung so sauber vorfinden will, wie sie sie drei Tage vorher verschmutzt hat. Und weil das nie passiert, macht sie dem Franz Vorwürfe, dass auf dem Autoreifen im Bad Dreckfinger-Abdrücke sind. Und Bleistiftspitzer-Mist auf dem Teller. Und Gummiabsatz-Striemen auf den Kacheln in der Mülltonne.

(ohne Unsinnwörter aus Christine Nöstlinger: „Fernsehgeschichten vom Franz“, Verlag Friedrich Oetinger, S. 19)

5. Findest du für die Unsinnwörter neue lustige Wörter?
   Schreibe deinen Unsinntext in dein Heft.
   Lies deine lustige Geschichte deinem Partner / deinen Mitschülern vor.

Arbeitsblatt 5

Franz bekommt unerwarteten Besuch (Seite 19 - 26)

Willst du wissen, wer unerwartet an die Wohnungstür vom Franz klingelt? Und warum der Gomel-Mann zu einem Problem wird?
1. Lies diese Seiten im Buch. 2. Kreuze die richtige Antwort an.

Franz saß an seinem Schreibtisch und machte seine Hausaufgaben, als es an der Wohnungstür klingelte. Was dachte Franz, wer an der Tür klingelt? (Seite 21)
- ❑ Sein Freund Eberhardt, der mit ihm spielen möchte.
- ❑ Sein Bruder Josef, weil er oft seine Schlüssel vergisst.
- ❑ Frau Sokol, die Putzfrau, weil sie keine Schlüssel hat.

Vor der Wohnungstür standen der Max, die Martina und der Alexander. Was haben die drei Kinder dem Franz mitgebracht? (Seite 21)
❑ Gummibärchen ❑ Mohrenköpfe ❑ Schoko-Bananen

Der Max, die Martina und der Alexander drängten sich in den Flur. Die Martina deutete zur Wohnzimmertür und fragte den Franz: (Seite 22)
- ❑ „Ist euer Fernseher dort drinnen?"
- ❑ „Können wir dort die Gomel-Serie anschauen?"
- ❑ „Geht es hier zu eurem Fernseher?"

Der Franz brachte vor Schreck kein einziges Wort heraus und stand stocksteif dar. Wie viele Ideen gingen ihm in diesem Moment durch den Kopf um sein Gomel-Problem zu lösen. (Seite 22/23)
❑ drei Ideen ❑ fünf Ideen ❑ sieben Ideen

Der Max, die Martina und der Alexander gingen am Franz vorbei ins Wohnzimmer. Auf einmal hörte der Franz eine schimpfende Stimme. Wer schimpfte mit den drei Kindern? (Seite 24)
❑ Die Mama vom Franz ❑ Der Papa vom Franz ❑ Frau Sokol, die Putzfrau

Der Franz war froh, dass sich sein Gomel-Problem gelöst hat. Was erzählte er am nächsten Tag den Kindern in der Schule, um keinen unerwarteten Besuch mehr zu bekommen? (Seite 24)
- ❑ Die Spezial-Antenne für das Sat-sechs-Programm sei kaputt.
- ❑ Die achte und letzte Gomel-Folge.
- ❑ Seine Mutter wäre sehr wütend gewesen und hat ihm Kinderbesuch verboten.

Arbeitsblatt 6

Ein schlechtes Gewissen (Seite 27 - 34)

1. Der Franz hatte wegen der Mama ein schlechtes Gewissen. Weißt du warum? Schreibe auf.

____

____

____

2. Bei wem holte sich der Franz Rat, um sein Problem mit dem schlechten Gewissen zu lösen? (Seite 29)

____

3. Der Franz wollte mit der Mama allein reden. Er ging zu ihr ins Bad und fing an der Mama sein Problem zu erzählen. Jedoch sprach der Franz nicht von sich, sondern von? Schreibe auf, wen der Franz nannte. (Seite 29)

____

____

4. Die Mama wusste Rat und half dem Franz bei seinem Problem. Erleichtert wollte der Franz das Bad verlassen, als er plötzlich wie angewurzelt stehen blieb. Sein Gesicht verfärbte sich blutorangerot. Was sagte die Mama in diesem Moment? (Seite 32)

„ ____

____

____!"

5. Als der Franz sein Problem der Mama anvertraute, war zwischen den beiden ein Duschvorhang. Das fand der Franz richtig gut.
Kannst du dir vorstellen warum?
Sprecht gemeinsam darüber.

Arbeitsblatt 7

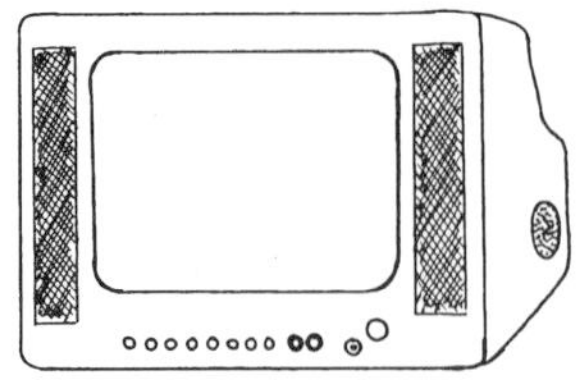

Der Franz sieht selten fern (Seite 35 - 37)

Die Mama und der Papa vom Franz sehen sehr selten fern.
Viel lieber unternehmen sie mit dem Franz und dem Josef andere Dinge.

1. Schreibe auf, was die Mama und der Papa mit dem Franz alles zusammen unternehmen. (Seite 36)

___

___

___

2. Dem Franz macht es Spaß mit seinen Eltern lauter schöne Sachen zu unternehmen. Am nächsten Tag aber muss der Franz dann von den anderen Kindern hören:

___

___

___

3. Was ist für dich Baby-Kram?

___

___

4. Manche Kinder in der Klasse vom Franz schauen bis Mitternacht fern. Und sie sind darauf ganz stolz. Welche Filme schauen die Mitschüler und die Mitschülerinnen vom Franz an? Schreibe sie auf. (Seite 36/37)

___

___

___

5. Welche Sendungen schaust du an?

___

___

Arbeitsblatt 8

Die Oma hilft dem Franz (Seite 38 – 49)

1. Als der Franz wieder einmal bei der Oma war, beklagte er sich über das „Baby-Gerede" seiner Mitschüler / Mitschülerinnen. Was hat die Oma darauf gesagt? (Seite 38)

„ ____

____."

2. Die Oma meinte, dass Kinder nach neun Uhr nicht mehr fernsehen sollten, da sie am nächsten Morgen sonst nicht munter genug wären. Schaust du nach 21 Uhr noch fern? Wann gehst du gewöhnlich ins Bett?

____

____

3. Der Franz sieht ein, dass man früh zu Bett gehen sollte. Trotzdem hat er noch ein Problem. Kennst du das Problem vom Franz? (Seite 38)

____

____

4. Die Oma hatte eine tolle Idee. Wie konnte sie dem Franz helfen? Wer hat ihr dabei geholfen? Wie erfuhr der Franz, was in dem Film „Die rote Rächerin" gezeigt wurde? Schreibe es mit deinen eigenen Worten auf.

____

____

____

____

____

____

____

____

Arbeitsblatt 9

Wörtliche Rede (Seite 52 / 53)

Die Mama und der Papa vom Franz und die Mama und der Papa von der Gabi waren ins Theater gegangen. Die Gabi und der Franz waren allein zu Hause. Die beiden setzten sich ins Wohnzimmer und unterhielten sich.

1. a. Lies den Text im Kasten und schreibe ihn in dein Heft.
   b. Unterstreiche das Wort „Begleitsatz" blau und die Wörter „wörtliche Rede" rot.

Wenn die Gabi und der Franz sich miteinander unterhalten, nennen wir dies wörtliche Rede. Ob die Gabi spricht oder der Franz erfahren wir durch den zugehörigen **Begleitsatz**. Damit man das Gesprochene (die **wörtliche Rede**) besser erkennt, wird es in Anführungszeichen (Redezeichen) gesetzt.

2. Bei dem Gespräch von der Gabi und dem Franz fehlen die Redezeichen.
   a. Unterstreiche die wörtliche Rede rot und die Begleitsätze blau.
   b. Setze die fehlenden Redezeichen ein.
   c. Kontrolliere in deinem Buch auf Seite 52/53.
   d. Lest das Gespräch von der Gabi und dem Franz in verteilten Rollen laut vor.
3. Schreibe das Gespräch mit den Redezeichen in dein Heft.

Spielen wir Memory? , fragte der Franz.

Nein, da gewinnst du immer , sagte die Gabi.

Spielen wir Domino? , fragte der Franz.

Nein, das ist langweilig , sagte die Gabi.

Was willst du denn spielen , fragte der Franz.

Mach das Fernsehen an! , sagte die Gabi. Da kommt gleich ein Krimi

(aus Christine Nöstlinger: Fernsehgeschichten vom Franz", Verlag Friedrich Oetinger, Seite 52 / 53)

4. Findest du noch mehr Stellen im Buch, bei denen sich der Franz mit einer anderen Person unterhält?
   Erkennst du in diesem Gespräch auch die wörtliche Rede?
5. Lest dieses Gespräch mit verteilten Rollen laut vor.

Arbeitsblatt 10

Werbung (Seite 54 - 57)

1. Als der Franz und die Gabi allein zu Hause waren spielten sie Werbung-Raten. Nach der wie vielten Werbung sagte der Franz, dass es ein blödes Spiel sei? (Seite 54)

____

2. Weißt du, warum der Franz das sagte?

____

____

3. Warum ist die Gabi beim Werbung-Raten besser als der Franz?

____

____

4. Schreibe auf, woran du eine Werbung erkennst.

____

____

____

5. Weißt du, wozu es Werbung gibt? Soll man alles kaufen, was in der Werbung zu sehen ist?

____

____

____

____

6. Nach der Werbung fing der Film an. Der Franz wollte aber den Film, der ihm Gänsehaut macht, nicht anschauen.
   Was wollte er mit der Gabi spielen? (Seite 56)

____

____

BVK LP 08 • Claudia Fischer: Literaturprojekt „Fernsehgeschichten vom Franz“

Arbeitsblatt 11

Rätsel: Wie heißt das Wort danach?

1. Noch mehr ärgert ihn, dass seine ... piepsig wird. (Seite 6)
2. Bloß drei ... kann der Franz sehen. (Seite 8)
3. „Auf welchem ... ?“, fragte der Max. (Seite 11)
4. Der Franz lief zur ... und machte sie auf. (Seite 21)
5. Hundert ... fielen denen ein. (Seite 36)
6. Dann lauschte der ... und nickte und nickte und nickte. (Seite 44)
7. „Zum ... bin ich noch zu klein“, sagte der Franz. (Seite 46)
8. In der ... ging es dem Franz an diesem Tag sehr gut. (Seite 48)
9. Er war schon stolz darauf allein zu sein und trotzdem keine ... zu haben. (Seite 59)

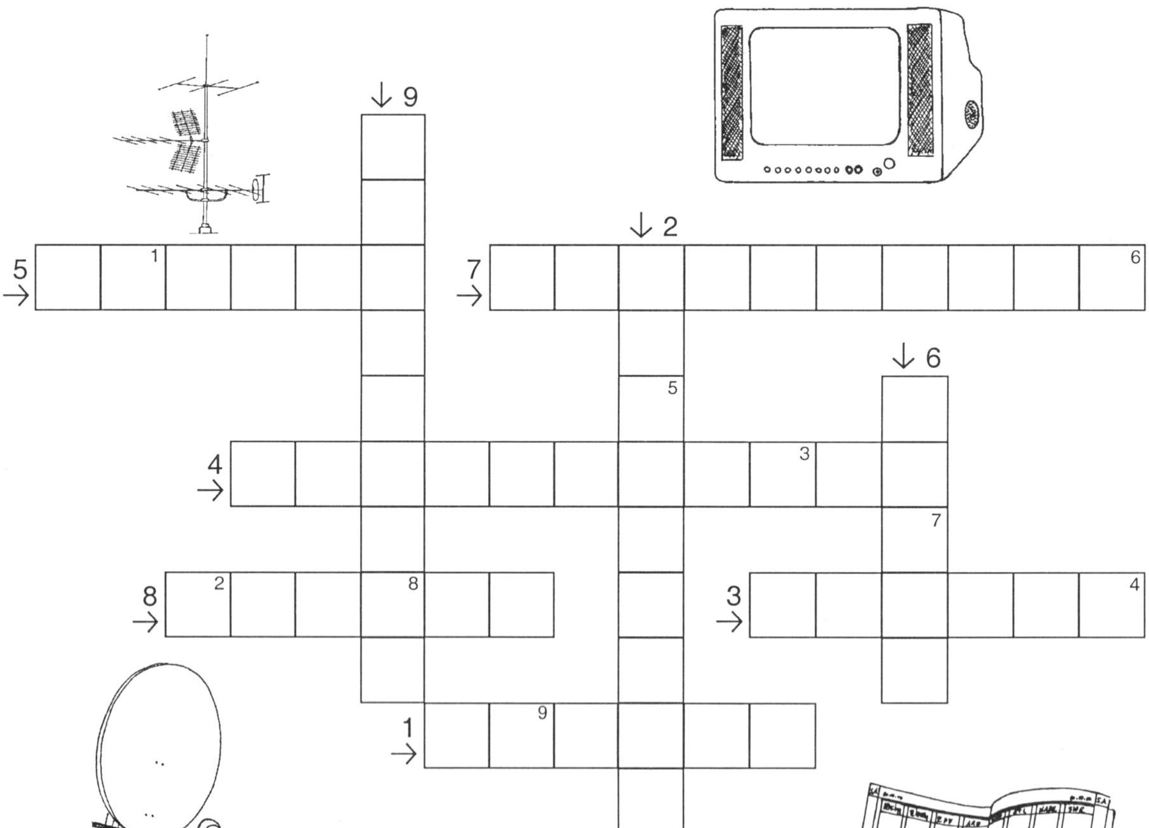

Trage die Buchstaben mit den Nummern hier ein.
Du erhältst das Lösungswort.

1	2	3	4	5	6	7	8	9

BVK LP 08 • Claudia Fischer: Literaturprojekt „Fernsehgeschichten vom Franz“

Arbeitsblatt 12

Zahlenrätsel

Wie alt ist der Bruder vom Franz? (S. 6)

					8		

Wie viele Programme kann der Franz sehen? (S. 8)

	3		

Wie viele TV-Programme können die Kinder in der Klasse vom Franz sehen? (S. 9)

			4			

Wie viele Gomel-Folgen erzählte der Franz in der Schule? (S. 24)

		7	

Wie viele Gäste hatte die Gabi zu ihrem Geburtstag eingeladen? (S. 27)

			9			

In wie vielen Jahren würde es wieder eine Gomel-Mann-Staffel geben? (S. 26)

		2	

Um wie viel Uhr klingelte das Telefon, als die Oma den Franz anrief? (S. 43)

5					

Um wie viel Uhr kam die Gabi zum Franz rüber? (S. 52)

		6			

Wie hoch sind die Absatz-Schuhe von der Mama? (S. 52)

				1

1. Trage die Buchstaben mit den Nummern hier ein. Du erhältst das Lösungswort.

1	2	3	4	5	6	7	8	9

2. Addiere alle Zahlen vom Zahlenrätsel. Schreibe das Ergebnis in den Kasten.

BVK LP 08 • Claudia Fischer: Literaturprojekt „Fernsehgeschichten vom Franz"

Arbeitskarte

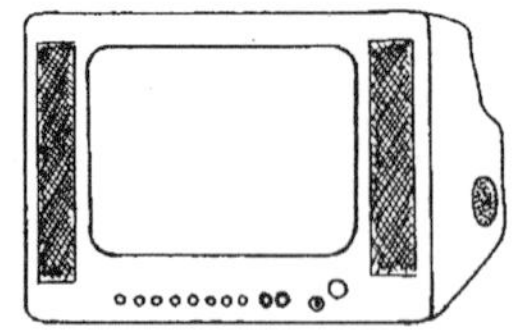

Das Lied vom Franz

Der Franz spielt mit der Mama Fang-den-Hut.
Ihm macht es großen Spaß, doch ihm geht's dabei nicht gut.

Refrain: Sag, was mag das Problem wohl sein,
welches hat der Franz allein
und nicht's erzählen kann vom gruseligen Film - oh nein.

In der Schule reden sie vom Fernseh-Programm.
Der Franz steht nur dabei und ist völlig stumm.

Refrain: Sag, was mag das Problem wohl sein, ...

Die Oma, die hat eine tolle Idee.
Erzählt dem Franz die Filme, die Krügerl hat geseh'n.

Refrain: Sag, was mag das Problem wohl sein, ...

In der Schule ist der Franz nun Film-Experte.
Die andern hör´n ihm zu, dabei geht es ihm jetzt gut.

Refrain: Sag, was mag das Problem wohl sein, ...

(nach der Melodie:
„Ein Männlein steht im Walde ...")

BVK LP 08 • Claudia Fischer: Literaturprojekt „Fernsehgeschichten vom Franz"

Arbeitskarte

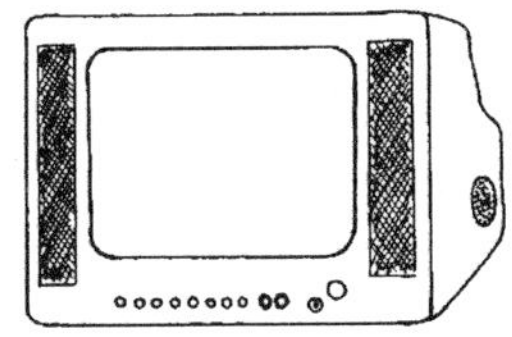

Bauchweh

1. Lies das Gedicht.

Bauchweh

Ich habe ein schlechtes Gewissen,
das tut mir gar nicht gut.
Es ist mein kleines Geheimnis,
das macht mir keinen Mut.
Es liegt in meinem Magen
und ist besonders schwer,
ich kann es kaum noch tragen
und will kein Bauchweh mehr.
Ich geh zu einem Menschen,
den ich gerne mag
und erzähle mein Geheimnis,
woran mein schlechtes Gewissen lag.
Mein Bauchweh geht dann weg
mir geht es wieder gut,
ich bin sehr froh darüber
und das tut mir gut.

Claudia Fischer

2. Der Franz erzählte sein Bauchweh-Geheimnis seiner Mama.
   Wenn du ein Bauchweh-Geheimnis hast, wem erzählst du davon?

   ____

   ____

3. Male den Rahmen farbig aus. Wenn du magst, lerne das Gedicht auswendig.

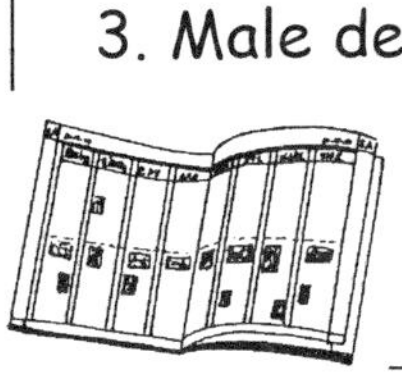

Der Franz erzählt seiner Mama sein Fernseh-Problem. Allerdings spricht er von einem Kind aus seiner Klasse. Du bist genauso tapfer und erzählst einer Person die du magst auch dein Problem. Für dein Tapfersein darfst du drei Felder vorwärts gehen.

Der beste Freund vom Franz heißt Eberhard. Er beschützt den Franz immer. In Notsituationen stehst du auch immer deinem Freund / deiner Freundin bei. Dafür darfst du drei Felder vor.

An der Wohnungstür klingeln deine Mitschüler. Du bist verlegen und suchst nach einer Ausrede, weil du die Kinder nicht herein bitten möchtest. Setze einmal zum Nachdenken aus.

In der Schule erzählst du deinen Mitschülern / deinen Mitschülerinnen spannende Geschichten. Für deine tollen Ideen darfst du noch einmal würfeln.

Ziel

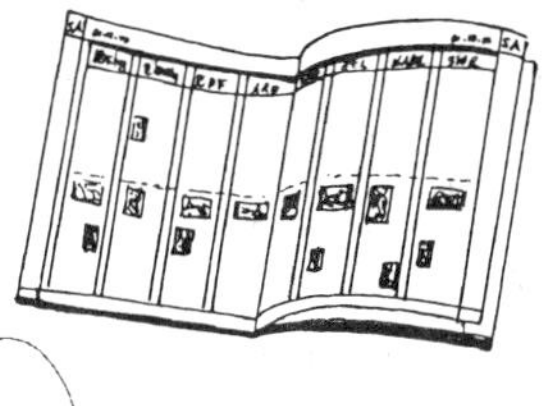

6

Du hast bis Mitternacht ferngeschaut. Am nächsten Morgen bist du in der Schule müde und musst dich ausruhen.
Setze einmal zum Schlafen aus.

7

Josef, der Bruder vom Franz, erzählt seinen Eltern, dass er heimlich Fernsehen schaut. Du bist genauso tapfer und erzählst deinen Eltern auch ein kleines Geheimnis. Dafür wirst du belohnt und darfst zweimal würfeln.

8

In der Wohnung nebenan hat ein Kind ferngeschaut und Angst. Im Dunkeln läufst du über den Flur. Für deinen Mut darfst du noch einmal würfeln.

5

Dein Freund / deine Freundin befindet sich in einer Notlage. Wie die Oma vom Franz hast du eine tolle Idee und hilfst ihm / ihr aus einer Notsituation. Dafür darfst du fünf Felder vor.

9

Im Fernsehen hast du dir alleine einen gruseligen Film angeschaut. Jetzt hast du Angst und versteckst dich.
Warte bist du eine 6 würfelst.

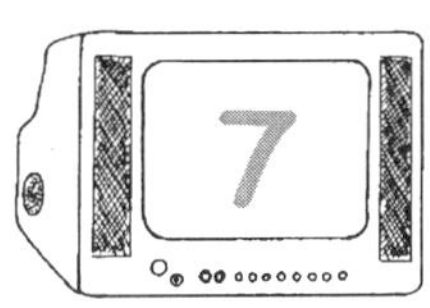

Start

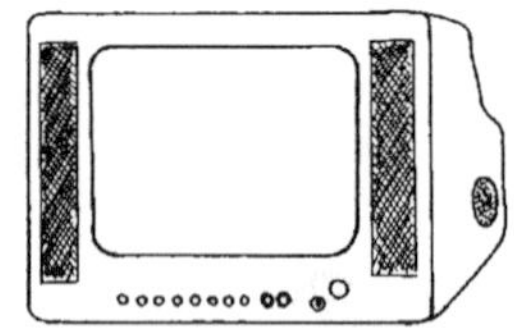

Arbeitskarte

Spiegeltext (Teil 1)

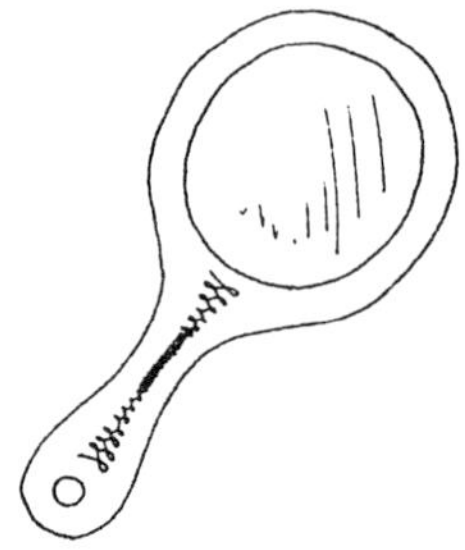

Du brauchst:
- einen Spiegel

1. Kannst du den Spiegeltext vom Franz lesen? Der Spiegel hilft dir dabei.
2. Schreibe den Text fehlerfrei ab.

Franz als Geschichtenerfinder
Der Franz sieht selten fern. In der Schule wird er deshalb Baby genannt. Seine Klassenkameraden erzählen über Filme, bei denen man Gänsehaut bekommt. Der Franz steht stumm daneben. Deshalb erfindet er eine neue Fernsehserie. Alle Kinder aus seiner Klasse hören dem Franz zu. Der Franz fühlt sich gut dabei.

Arbeitskarte

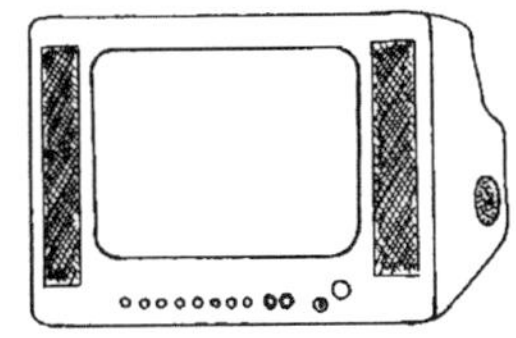

Spiegeltext (Teil 2)

Purzelwörter:

1. Ordne die Buchstaben so, dass du das Wort lesen kannst.
   Schreibe das Wort auf.

K S S E L A ____________ A U Ä G T N E S H ____________ R E H E S N N E F ____________

I L M E F ____________ E N D I K R ____________ C U H E S L ____________

2. Findest du die Purzelwörter in deinem geschriebenen Text?
   Unterstreiche sie.

Geheimschrift:

3. Wie heißen die Wörter?
   Schreibe sie auf und unterstreiche sie in deinem Text.

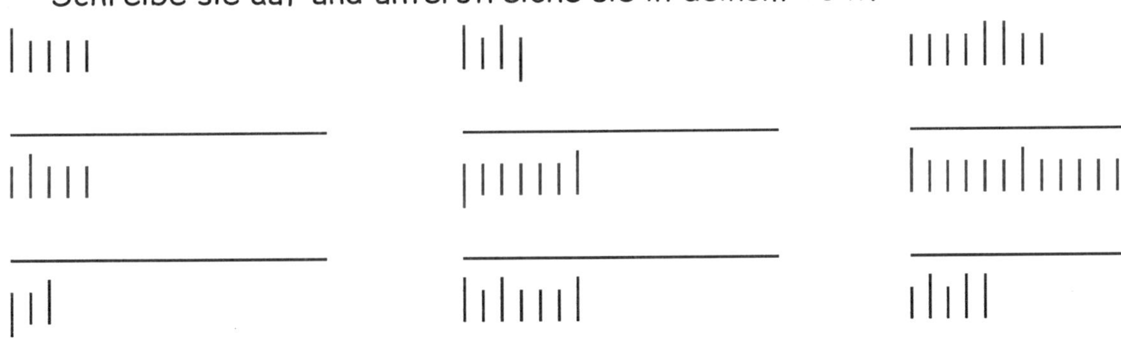

Suchsel

4. Suche die 11 Wörter, kreise sie ein und unterstreiche sie in deinem Text.

K	L	A	S	S	E	N	K	A	M	E	R	A	D	E	N
W	X	R	T	Z	I	P	Q	L	Y	H	E	T	E	C	G
Ü	P	X	E	O	U	I	E	L	E	Ö	S	A	S	L	K
F	F	Ü	H	L	E	N	G	E	M	R	Z	S	H	X	A
B	R	P	E	I	L	Ö	A	H	X	E	T	B	A	B	Y
V	A	K	N	E	S	E	L	T	E	N	R	Ü	L	I	O
M	N	D	I	A	K	U	O	P	S	A	D	A	B	E	I
R	Z	H	G	Ä	N	S	E	H	A	U	T	F	P	E	W

BVK LP 08 • Claudia Fischer: Literaturprojekt „Fernsehgeschichten vom Franz“

Arbeitskarte

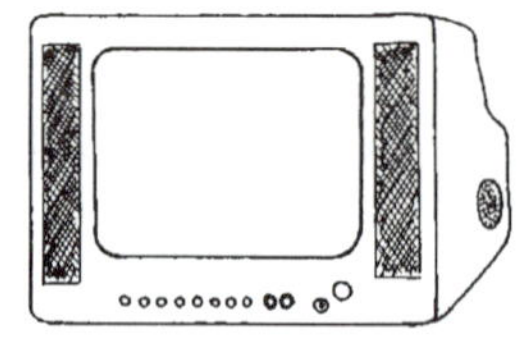

Lesepuzzle
Der Franz

Wo trafen Max, Martina und Alexander den Bruder vom Franz? (Seite 22) ⑦ im Schwimmbad ② im Kino	Wie heißt die Putzfrau? (Seite 19) ④ Frau Saubermann ⓪ Frau Sokol	Während die Mitschüler vom Franz oft fern-sehen, spielt der Franz mit seiner Mama. Weißt du, was er spielt? (S. 11) ⑦ Mensch ärgere dich nicht ③ Fang-den-Hut
Die Mitschüler vom Franz schauten sich um 21.00 Uhr einen Film im Fernsehen an. Wie hieß der Film? (Seite 42) ④ Die rote Rächerin ③ Der gefährliche Pirat	Wo lebt die Oma vom Franz? (Seite 6) ⑩ im Hotel ① im Altersheim	Weißt du, wie das Lieblingsspiel von der Gabi heißt? (Seite 57) ① Werbung-Raten ⑧ Kochen
Von wem bekam die Oma die TV-Informationen, damit der Franz in der Schule mitreden konnte? (Seite 40) ⑩ vom Herrn Krügerl ⓪ von den Nachrichten	Der Franz konnte in der Schule nie mitreden, wenn seine Mitschüler sich über das Fernsehen unterhielten. Wie nannten sie den Franz? (Seite 38) ⑧ Kindergartenkind ⑤ Baby	Die Gabi rief vor Angst den Franz an und sagte: „Im Klo ist jemand, es raschelt darin." Was war es? (Seite 62) ② das Klopapier ⑤ der Vorhang

BVK LP 08 • Claudia Fischer: Literaturprojekt „Fernsehgeschichten vom Franz"

Arbeitskarte

Lesepuzzle
Der Franz

BVK LP 08 • Claudia Fischer: Literaturprojekt „Fernsehgeschichten vom Franz"

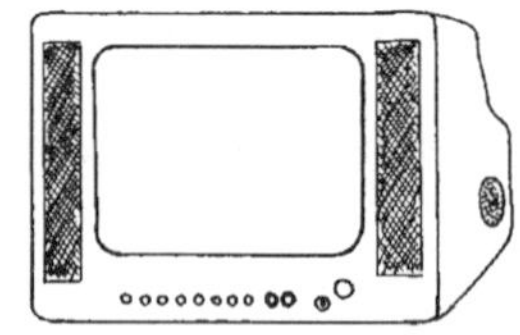

Arbeitskarte

Spiele von früher

Der Franz spielt mit der Mama das Spiel „Fang-den-Hut". Dieses Spiel ist schon älter. Vielleicht hat deine Mama oder dein Papa „Fang-den-Hut" auch gespielt, als sie in deinem Alter waren.

1. Kennst du noch andere Spiele, mit denen schon deine Eltern gespielt haben, als sie Kinder waren? Schreibe sie auf. Deine Mama oder dein Papa oder deine Großeltern helfen dir bestimmt dabei.
2. Weißt du auch, wie die Spiele gespielt wurden? Wenn ja, schreibe es auf oder male ein Bild dazu.
3. Gestalte dein Blatt als Schmuckblatt.
4. Hast du vielleicht ein Spiel von früher zu Hause? Bringe es mit in die Schule und spiele es mit deinen Mitschülern.

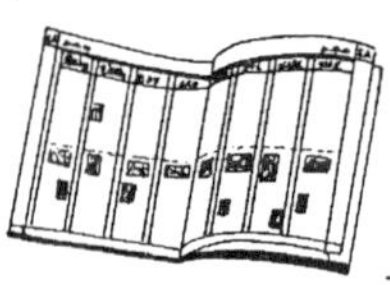

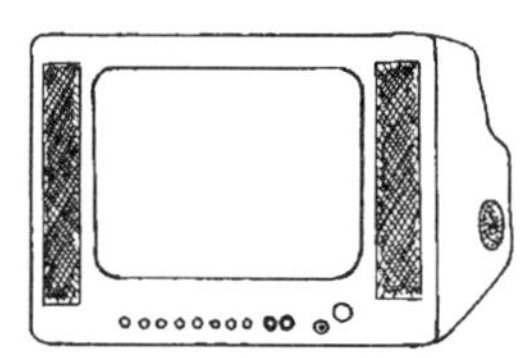

Arbeitskarte

Das Fernseh-Spiel

Spielregeln für 2 bis 4 Mitspieler

1. Wer die höchste Zahl würfelt, darf anfangen.
2. Würfelt abwechselnd und rückt um die gewürfelte Augenzahl vor.
3. Wer auf ein Feld mit dem Fernseher kommt, liest den Text mit der Zahl laut vor und macht, was dort steht.
4. Wer zuerst das Ziel erreicht, gewinnt das Spiel.

BVK LP 08 • Claudia Fischer: Literaturprojekt „Fernsehgeschichten vom Franz"

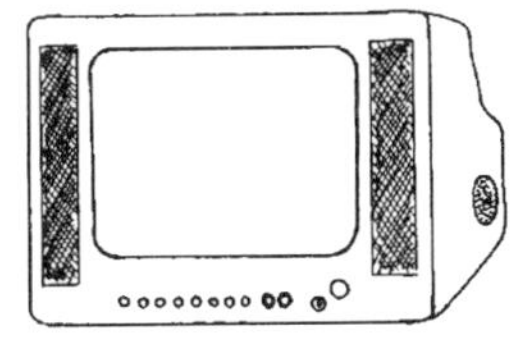

Arbeitskarte

Fernseh-Sender erfinden

Der Franz denkt sich jeden Tag eine neue Folge einer Astronauten-Serie aus. Er erfindet den TV-Sender „Sat-sechs“, auf dem seine Serie läuft.

1. Du bist Fernsehredakteur. Erfinde wie der Franz Namen für Fernseh-Sender und schreibe sie auf ein Kärtchen. Benutze für jeden erfundenen Namen ein neues Kärtchen.
2. Klebe deine Kärtchen auf das Plakat: Fernsehprogramme
3. Wie viele neue TV-Sender habt ihr zusammen gefunden?

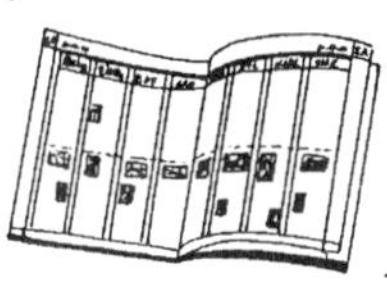

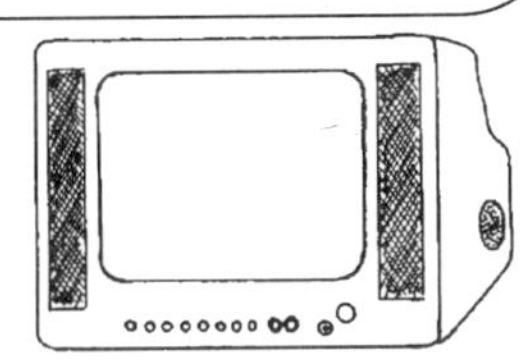

Arbeitskarte

Programmansage für meine Wunschsendung

So geht's:

1. Entscheide dich für eine TV-Sendung, die du kennst oder erfinde eine eigene Sendung.
2. Überlege dir zu deiner Wunschsendung eine Programmansage.
3. Trage deine Fernsehansage deinen Mitschülern / Mitschülerinnen vor.
   - Setze dich dabei gerade hin und richte deine Augen auf dein Publikum.
   - Versuche bei deiner Ansage nicht zu lachen.
   - Sprich langsam und deutlich.

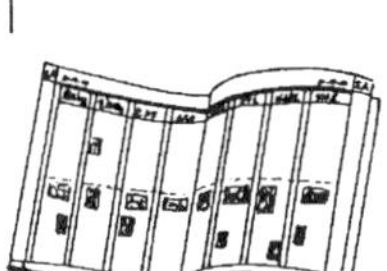

BVK LP 08 • Claudia Fischer: Literaturprojekt „Fernsehgeschichten vom Franz“

Arbeitskarte

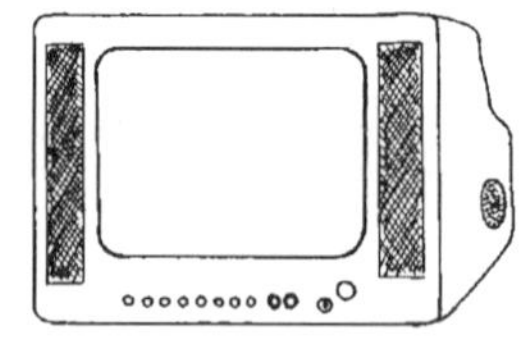

Fernseh-Werbung

Spielt euch gegenseitig eine TV-Werbung vor.
So geht's:

1. Denke dir einen besonderen Gegenstand aus. Zum Beispiel: einen Zauberstift, tolle Sportschuhe, ein besonderes Kaugummi ...
2. Erfinde für deinen Gegenstand einen Werbenamen.
3. Spiele deinen Mitschülern / Mitschülerinnen eine Werbung zu deinem ausgedachten Gegenstand so vor, dass sie diesen unbedingt haben wollen.

Arbeitskarte

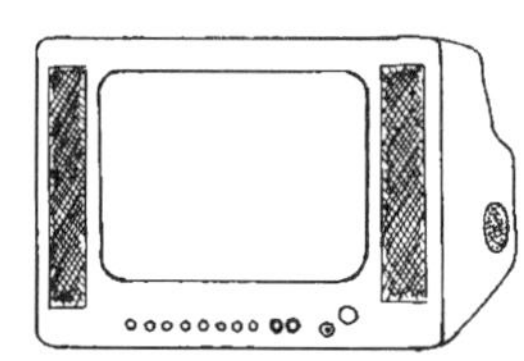

Werbeplakat für meinen Wunschsender

Stelle für deinen Wunschsender ein Werbeplakat her.
Dein Wunschsender bringt alle Sendungen, die du gerne siehst.
So geht's:

1. Überlege dir einen Namen für deinen Wunschsender und schreibe ihn mit großer Schrift auf ein DIN A3-Papier oder auf farbigen Tonkarton.
2. Schneide aus alten Programmzeitschriften Bilder und Texte von deinen Lieblingssendungen aus und klebe sie auf dein Plakat.
3. Du kannst dein Plakat auch mit eigenen Texten und Bildern gestalten.

BVK LP 08 • Claudia Fischer: Literaturprojekt „Fernsehgeschichten vom Franz“

Arbeitskarte

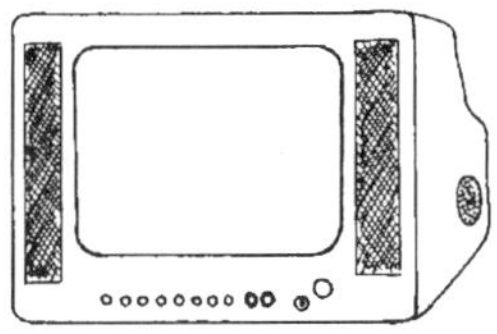

Minireferat

Fernseher	Serie	Fernseh-Sender
TV-Programme	Sendung	Werbung
Kabel-Fernsehen	Satelliten-Schüssel	Antenne
Videorekorder	DVD-Player	Gänsehaut
Problem	schlechtes Gewissen	Tapfer-Sein
Planet	Astronaut	Spannung
Fernbedienung	Gomel-Mann	Videokassette

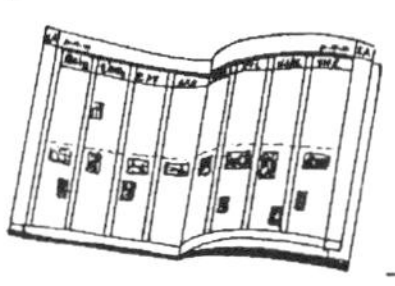

BVK LP 08 • Claudia Fischer: Literaturprojekt „Fernsehgeschichten vom Franz"

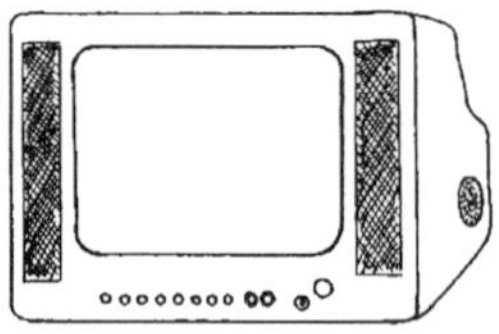

Arbeitskarte

Rechenpuzzle

$9 \cdot 2$	$5 \cdot 4$	$9 \cdot 3$
$6 \cdot 6$	$9 \cdot 5$	$8 \cdot 8$
$8 \cdot 4$	$7 \cdot 10$	$2 \cdot 8$
$3 \cdot 5$	$4 \cdot 6$	$7 \cdot 3$

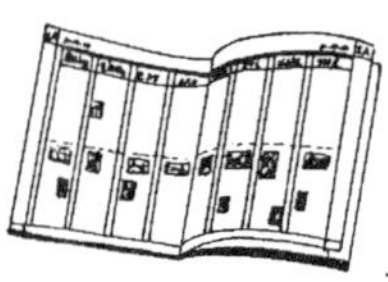

Arbeitskarte

Rechenpuzzle

Arbeitskarte

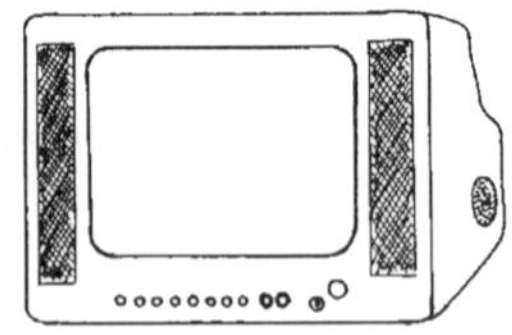

Früh Aufstehen (Teil 1)

1. Die Mitschüler vom Franz schauten im Fernsehen den Film „Die rote Rächerin“ an. Um 21.00 Uhr begann der Film und endete um 23.00 Uhr.
   Wie viele Stunden schauten die Kinder fern?

   Antwort: ____

   Wie viele Minuten sind das?

   Antwort: ____

2. Wenn der Franz am nächsten Tag Schule hat, geht er nie später als 21.00 Uhr ins Bett. Um 6.30 Uhr muss der Franz aufstehen um pünktlich zur Schule zu kommen.
   Wie viele Stunden und Minuten hat der Franz geschlafen?

   Antwort: ____

   Wann gehst du abends ins Bett, wenn du Schule hast?

   Antwort: ____

   Wann musst du aufstehen um pünktlich zur Schule zu kommen?

   Antwort: ____

   Wie viele Stunden und Minuten hast du geschlafen?

   Antwort: ____

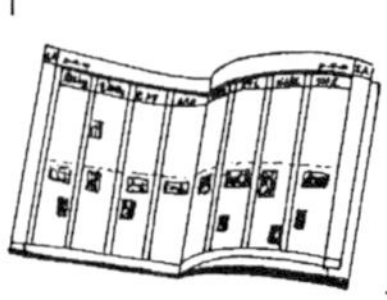

Arbeitskarte

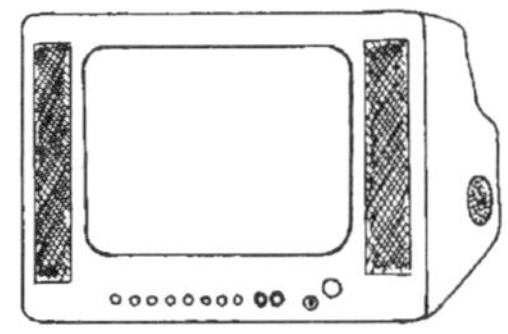

Früh Aufstehen (Teil 2)

3. Als die Klassenkameraden vom Franz den Film „Die rote Rächerin" anschauten, gingen sie um 23.00 Uhr zu Bett. Um 6.30 Uhr mussten sie wieder aufstehen um am nächsten Morgen pünktlich in der Schule zu sein.
   Wie lange haben die Kinder geschlafen?

   Antwort: ________________________________

4. Wie viele Stunden hat der Franz länger geschlafen als seine Mitschüler?

Antwort: ________________________________

5. Was glaubst du, wie sich die Mitschüler vom Franz in der 1. Schulstunde fühlten, nachdem sie am Abend zuvor den Film „Die rote Rächerin" angeschaut hatten? Schreibe es auf.

6. Bist du auch einmal spät ins Bett gegangen und musstest am nächsten Morgen früh aufstehen? Wenn ja, erzähle es deinem Partner. Wie war das Aufstehen an diesem Morgen? Warst du noch müde, als dich deine Mama weckte? Wie fühltest du dich an diesem Tag in der Schule?

Arbeitskarte

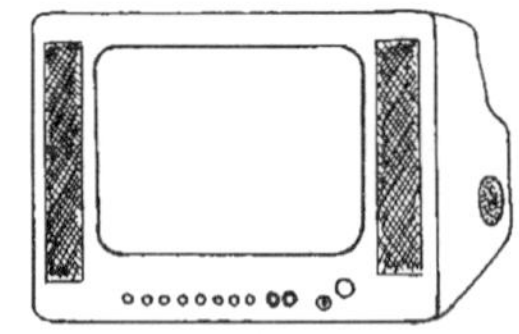

Fernseh-Wörter

Kennst du dich in der Fernseh-Welt aus?

1. Schneide die Kärtchen aus.
2. Finde zu jedem Fernseh-Wort die richtige Erklärung.
3. Lege Wort und Erklärung zueinander.
4. Kontrolliere! Klebe die Kärtchen auf ein weiteres Blatt.

TV	Mit Hilfe eines Kabels werden Bilder in den Fernseher übertragen. Man kann damit viele Programme anschauen.
Kabel-Fernsehen	Eine Fernsehsendung, die jeden Tag, jede Woche oder in regelmäßigen Zeitabständen im Fernsehen zu sehen ist.
Satelliten-Schüssel	Ein anderes Wort für Fernseher. Das englische Wort heißt: TELEVISION
Serie	Sie befindet sich oft auf dem Hausdach oder auf einem Balkon. Die Bilder im Fernsehen werden mit ihr durch die „Luft“ in den Fernseher übertragen. Ist sie sehr gut / stark, kann man damit mehr Programme erhalten als mit einem Kabelanschluss.
Folge	Sie besteht aus mehreren Folgen. Nach einer Pause im Fernsehen entsteht sie wieder aus neuen Folgen.
Staffel	Sie ist eine Fernsehsendung, die man in mehreren aufeinanderfolgenden Sendungen anschaut.

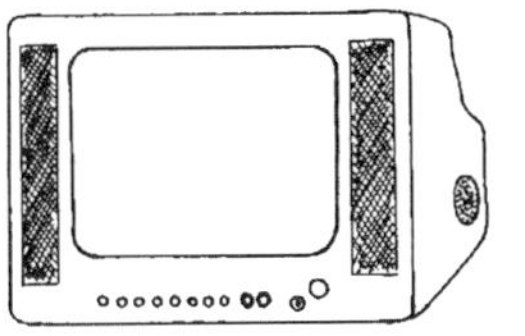

Arbeitskarte

Ein Tag ohne Fernsehen

Der Franz sieht ganz wenig fern. Er spielt mit seinen Eltern, bastelt der Oma ein Geschenk oder backt mit der Mama Kekse. Kannst du dir vorstellen, einen Tag ohne Fernsehen auszukommen?

Schreibe einen Tag lang auf, was du alles gemacht hast. Wenn du die Uhr schon kannst, schreibe die Uhrzeit dazu. Du darfst aber nicht fernsehen.

Datum:

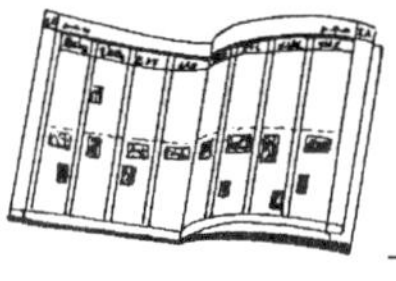

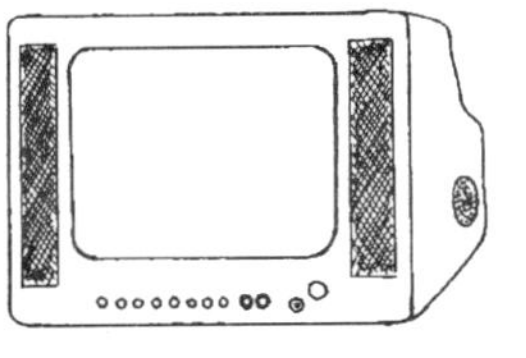

PRIMA

____

hat es geschafft,
einen Tag nicht fernzusehen

Datum: ____________________

Unterschrift der Eltern __________________________

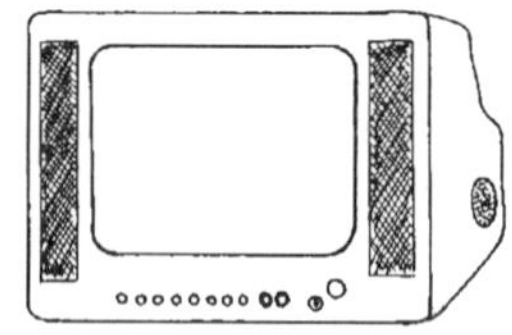

Arbeitskarte

Vorschläge zum fernsehfreien Tag

Du willst einen Tag ohne Fernsehen auskommen. Was kannst du alles an diesem Tag machen?

1. Überlege dir eine Möglichkeit und schreibe sie auf ein Kärtchen.
2. Klebe dein Kärtchen auf das Plakat: Vorschläge zum fernsehfreien Tag

Achtung: Es sollen keine Vorschläge zweimal vorkommen.

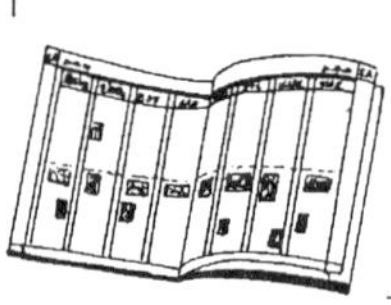

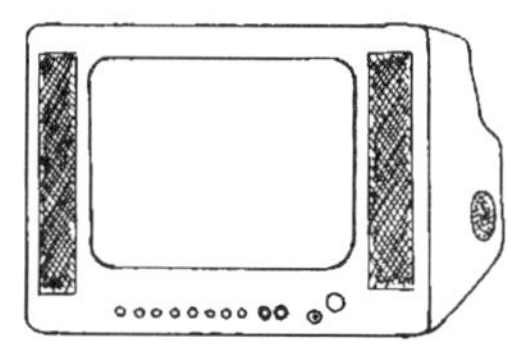

Arbeitskarte

Was macht dir Angst?

Die Gabi schaute sich einen Film, der Gänsehaut machte, ganz alleine in der Wohnung an. Als sie dann auf einmal im Klo etwas rascheln hörte, bekam sie fürchterliche Angst. Sie rief den Franz an und bat ihn herüberzukommen und nachzuschauen, was da ist. Der Franz hatte auch Angst, besonders als er das finstere Treppenhaus bis zur Wohnungstür der Gabi überquerte.

1. Hast du auch schon einmal Angst gehabt?
   Erzähle es deinen Mitschülern / deinen Mitschülerinnen.
2. Schreibe eine Angstgeschichte auf.
   Wenn du die Wörter im Kasten verwendest, wird deine Geschichte spannender.
   Denke dir eine spannende Überschrift aus.

Plötzlich ... Auf einmal ...	Zum Glück ...
Ausgerechnet jetzt ...	Stunden später ...
Nach einer Weile ...	Wenige Augenblicke später ...

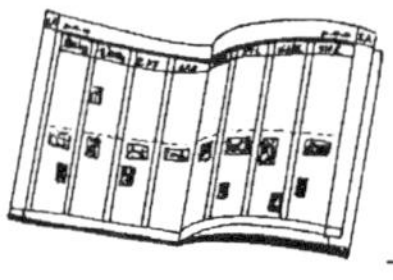

Wochenplan über meine Fernsehzeit

Der Franz und seine Familie schauen ganz selten fern. Wie oft schaust du fern?

1. Schreibe jeden Tag auf, wie viele Stunden und Minuten du fern gesehen hast.
2. Was hast du angeschaut? Schreibe es dazu.
3. Hat dir die Sendung gefallen? Ja oder nein? Warum oder warum nicht? Schreibe es dazu.

Datum	Montag ______	Dienstag ______	Mittwoch ______	Donnerstag ______	Freitag ______	Samstag ______	Sonntag ______
Stunde							
Minute							
Das habe ich im Fernsehen angeschaut							
Mir hat die Sendung gefallen: Ja, weil ... Nein, weil ...							

Arbeitskarte

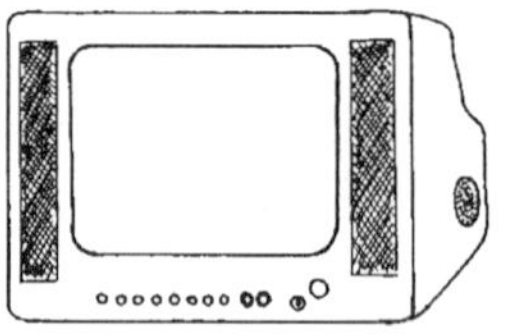

Meine Lieblingssendung

1. Wie heißt die Fernsehsendung, die du am liebsten anschaust?

2. Male eine Szene aus deiner Lieblingssendung in den Fernseher hinein:

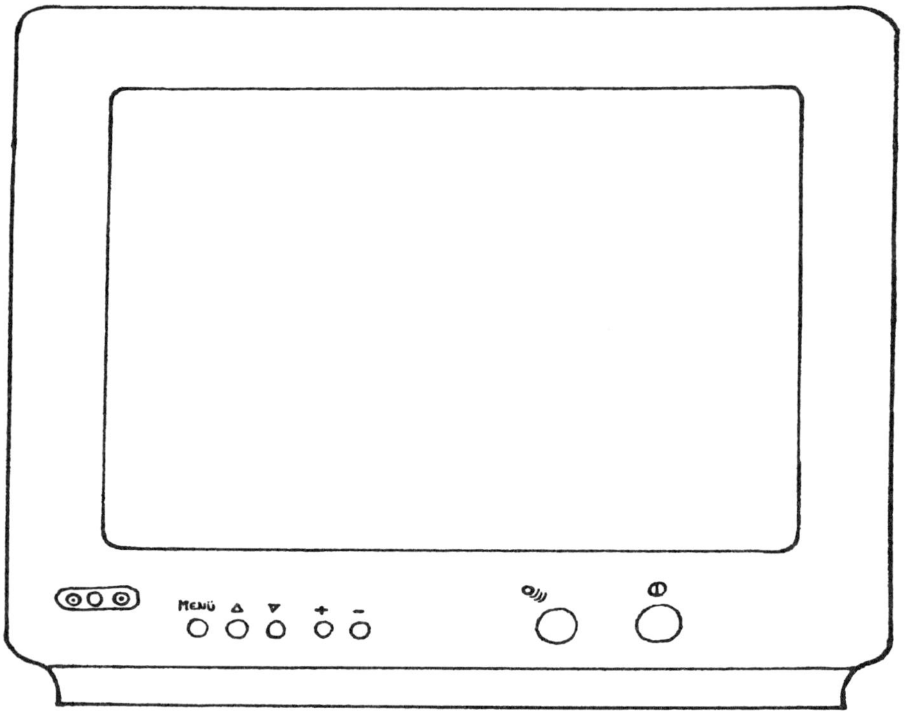

3. Schreibe auf, worum es in deiner Lieblingssendung geht. Welche Personen, Tiere, Comicfiguren kommen darin vor? Wer spielt die Hauptrolle?

4. Erzähle deinen Mitschülern / Mitschülerinnen von deiner Lieblingssendung.

Arbeitskarte

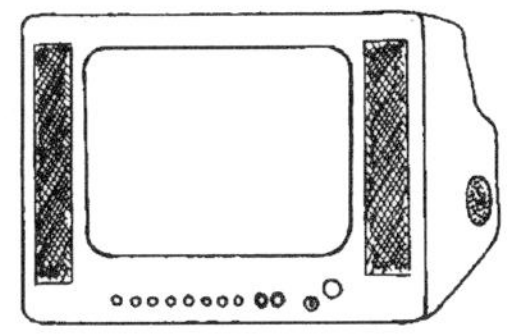

Lesezeichen

Auf dieser Seite findest du zwei Lesezeichen.
Das erste kannst du farbig ausmalen. Das zweite kannst du ganz nach deinen Ideen gestalten oder ein Bild vom Franz, deine Lieblingsfernsehsendung oder einen Fernseher malen.

1. Entscheide dich für ein Lesezeichen-Motiv.

2. Male dein Lesezeichen sorgfältig aus.

3. Schneide dein Lesezeichen aus.

4. Laminiere dein Lesezeichen, so hält es viele Jahre.

5. Schneide dein laminiertes Lesezeichen noch einmal aus.
   Wenn du eine Schneidemaschine im Klassenzimmer hast, probiere es damit.

6. Drücke mit dem Locher ein Loch an die obere Seite deines Lesezeichens.

7. Zum Schluss musst du nur noch ein Satinband (20 cm lang und 3 mm breit) mit einer kleinen Schleife durch das Loch ziehen. Fertig ist dein Franz-Lesezeichen.

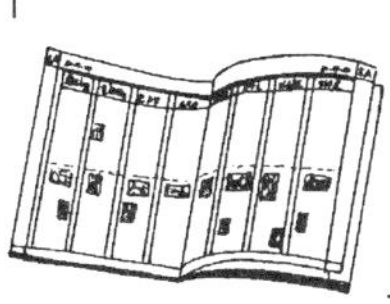

BVK LP 08 • Claudia Fischer: Literaturprojekt „Fernsehgeschichten vom Franz“

Arbeitskarte

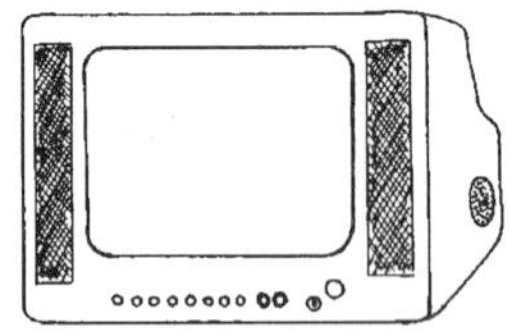

Wettervorhersage

Spielt euch gegenseitig eine Wettervorhersage vor.
So geht's:

1. Überlege dir, wie das Wetter heute am Tag und in der Nacht werden soll. Wenn du magst, kannst du auch das richtige Wetter von heute übernehmen.
2. Zeichne für deine Zuschauer eine Wetterkarte. Falls du Hilfe brauchst, schau dir eine Wetterkarte aus einer Tageszeitung genau an.
   Oder zeichne einzelne Wetterzeichen, die du beim Vortragen deinen Zuschauern zeigst.
3. Spiele deinen Mitschülern / Mitschülerinnen deine Wettervorhersage vor.

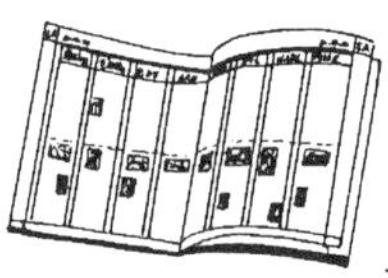

Arbeitskarte

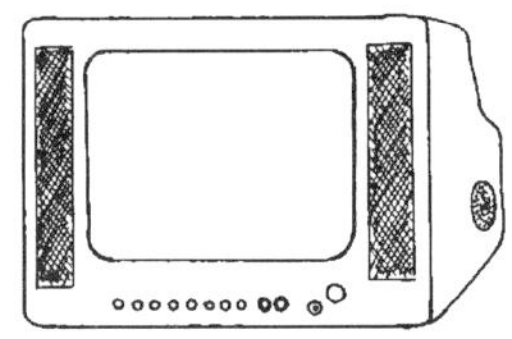

Wer entscheidet, was zu Hause angeschaut wird?

Die Mama und der Papa vom Franz schalten den Fernseher nur dann an, wenn sie eine Sendung für „gut“ halten. Wie ist das bei euch zu Hause? Wer entscheidet, was angeschaut wird?

1. Erzähle es deinem Partner / deiner Gruppe.
2. Spiele mit deinem Partner / mit deiner Gruppe folgende Situationen.
   Verteilt zuerst die Rollen.
   - Du willst zu Hause fernsehen, aber deine Eltern erlauben es dir nicht. Wie kannst du deine Eltern zu dieser Sendung überreden?
   - Dein Bruder / deine Schwester will etwas anderes im Fernsehen anschauen als du. Wer gibt nach?
   - Am Abend möchtest du einen Film anschauen. Deine Eltern erlauben es dir nicht, weil du ins Bett musst. Wie verhältst du dich?
3. Spielt eure Situationen euren Mitschülern / Mitschülerinnen vor.

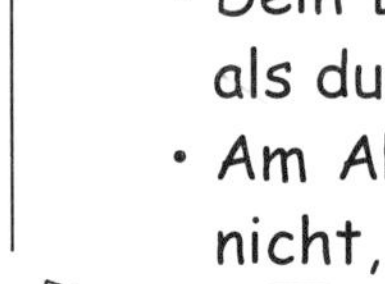

Arbeitskarte

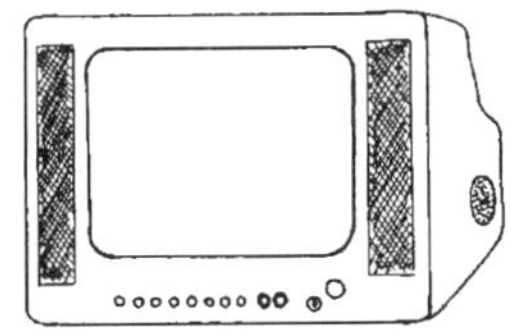

Seriengeschichten

Der Franz erzählte jeden Tag eine Geschichte von einem Astronauten, der auf dem Planeten Gomel zu Hause ist. Der Gomel-Mann landete mit seinem kaputten Raumschiff bei uns und lernte zwei Buben kennen. Als das Raumschiff repariert war, flog der Astronaut zum Gomel-Planeten zurück und versprach wiederzukommen.

1. Überlege, wie die neue Staffel vom Gomel-Astronaut weitergeht.
   Wie heißt die neue Folge? Oder:
   Erfinde wie der Franz eine TV-Serie. Wie heißt deine Serie? Welche Personen kommen darin vor? Wo spielt Sie? Was erleben die Personen alles?
2. Schreibe deine neue Folge / Serie auf.

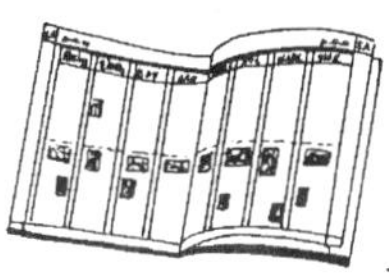

Arbeitskarte

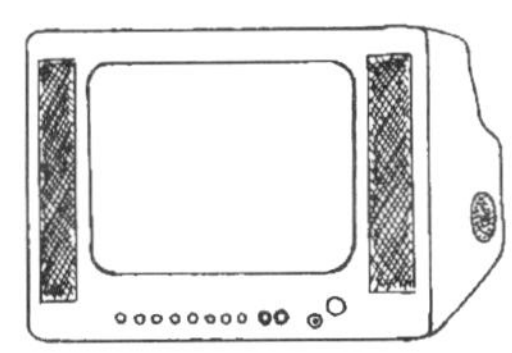

Klassenzimmer-Nachrichten
Was ist bei euch alles im Klassenzimmer los?

1. Beobachte deine Mitschüler / Mitschülerinnen und deinen Lehrer / deine Lehrerin den ganzen Vormittag genau.
2. Schreibe mit Datum und Unterrichtsstunde auf, was ihnen passierte.
   Vergiss nicht den Namen von der Person dazuzuschreiben.

Zum Beispiel:

- Ist ein Kind vom Stuhl gefallen?
- Wurde Geburtstag gefeiert?
- Hat ein Kind eine besonders tolle Geschichte vorgelesen?
- Hat dir die Schule heute viel Spaß gemacht? Wenn ja, warum?
- Habt ihr heute in der Schule gebastelt, gesungen, gemalt? Was?

3. Trage deine Nachrichten deinen Mitschülern / Mitschülerinnen vor.
   - Setze dich dabei gerade hin und richte deine Augen auf dein Publikum.
   - Versuche bei deiner Ansage nicht zu lachen.
   - Sprich langsam und deutlich.

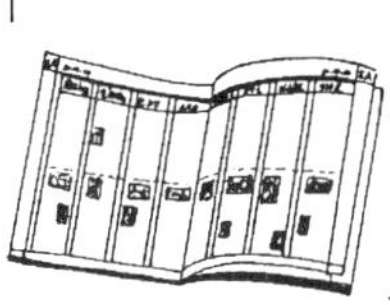

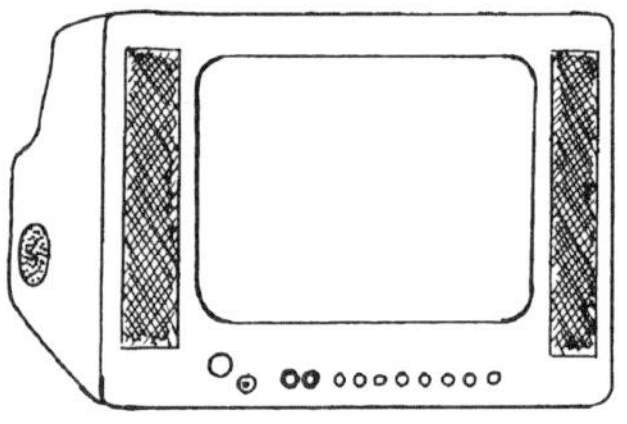

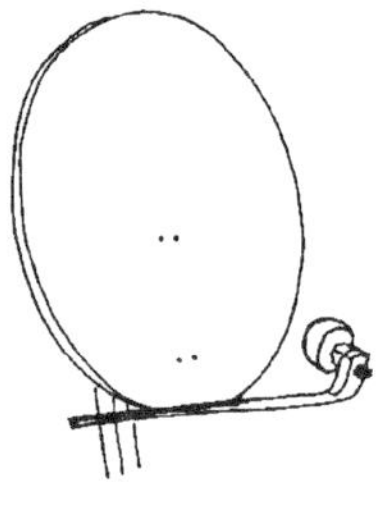

BVK LP 08 • Claudia Fischer: Literaturprojekt „Fernsehgeschichten vom Franz“

Lösungen

zu Seite 19

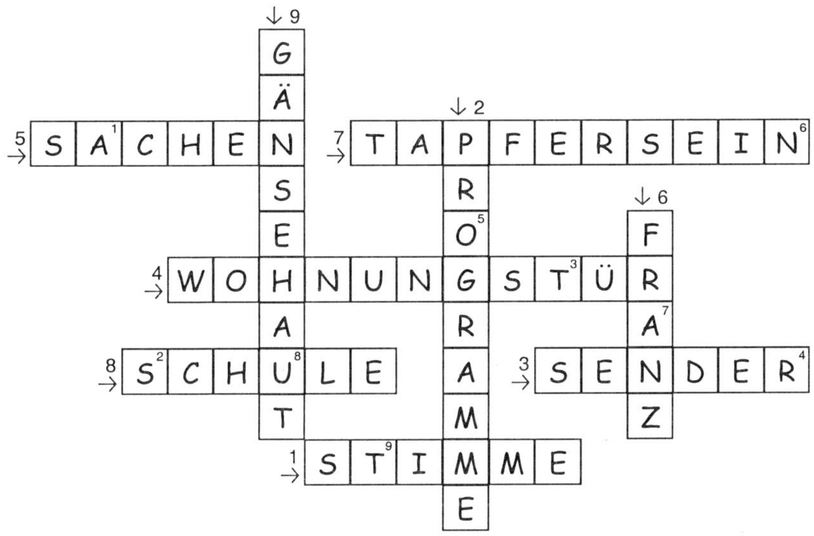

A	S	T	R	O	N	A	U	T
1	2	3	4	5	6	7	8	9

Zu Seite 20

Wie alt ist der Bruder vom Franz? (S. 6)	DREIZEHN
Wie viele Programme kann der Franz sehen? (S. 8)	DREI
Wie viele TV-Programme können die Kinder in der Klasse vom Franz sehen? (S. 9)	ZWANZIG
Wie viele Gomel-Folgen erzählte der Franz in der Schule? (S. 24)	ACHT
Wie viele Gäste hatte die Gabi zu ihrem Geburtstag eingeladen? (S. 20)	ZWANZIG
In wie vielen Jahren würde es wieder eine Gomel-Mann-Staffel geben? (S. 26)	ZWEI
Um wie viel Uhr klingelte das Telefon, als die Oma den Franz anrief? (S. 43)	SIEBEN
Um wie viel Uhr kam die Gabi zum Franz rüber? (S. 52)	SIEBEN
Wie hoch sind die Absatz-Schuhe von der Mama? (S. 52)	ZWÖLF

F	E	R	N	S	E	H	E	N
1	2	3	4	5	6	7	8	9

92

BVK LP 08 • Claudia Fischer: Literaturprojekt „Fernsehgeschichten vom Franz“

Lösungen

zu Seite 26
Spiegeltext:
Franz als Geschichtenerfinder
Der Franz sieht selten fern. In der Schule wird er deshalb Baby genannt. Seine Klassenkameraden erzählen über Filme, bei denen man Gänsehaut bekommt. Der Franz steht stumm daneben. Deshalb erfindet er eine neue Fernsehserie. Alle Kinder aus seiner Klasse hören dem Franz zu. Der Franz fühlt sich gut dabei.

zu Seite 27
Purzelwörter:
Klasse, Gänsehaut, Fernsehen, Filme, Kinder, Schule

Geheimschrift:

Franz	Baby	erzählen
stumm	genannt	Fernsehserie
gut	bekommt	steht

Suchsel:

K	L	A	S	S	E	N	K	A	M	E	R	A	D	E	N
			T					L		H			E		
			E					L		Ö			S		
	F	Ü	H	L	E	N		E		R			H		
	R		E							E		B	A	B	Y
	A		N		S	E	L	T	E	N			L		
	N										D	A	B	E	I
	Z		G	Ä	N	S	E	H	A	U	T				

zu Seite 38
Fernseh-Wörter:
TV: Ein anderes Wort für Fernseher. Das englische Wort heißt TELEVISION.
Kabel-Fernsehen: Mit Hilfe eines Kabels werden Bilder in den Fernseher übertragen. Man kann damit viele Programme anschauen.
Satelliten-Schüssel: Sie befindet oft sich auf dem Hausdach oder auf einem Balkon. Die Bilder im Fernsehen werden mit ihr durch die „Luft" in den Fernseher übertragen. Ist sie sehr gut / stark, kann man damit mehr Programme erhalten als mit einem Kabelanschluss.
Serie: Eine Fernsehsendung, die jeden Tag, jede Woche oder in regelmäßigen Zeitabständen im Fernsehen zu sehen ist.
Folge: Eine Fernsehsendung von mehreren aufeinanderfolgenden Sendungen.
Staffel: Sie besteht aus mehreren Folgen. Nach einer Pause im Fernsehen entsteht sie wieder aus neuen Folgen.

BVK LP 08 • Claudia Fischer: Literaturprojekt „Fernsehgeschichten vom Franz"